PARALLÈLE

ENTRE

M. LE GÉNÉRAL CAVAIGNAC

ET

M. LOUIS-NAPOLÉON BONAPARTE

CANDIDATS A LA PRÉSIDENCE.

PARALLÈLE

ENTRE

M. LE GÉNÉRAL CAVAIGNAC

ET

M. LOUIS-NAPOLÉON BONAPARTE

CANDIDATS A LA PRÉSIDENCE DE LA RÉPUBLIQUE,

PAR

M. Auguste PISSON,

Docteur en droit, Avocat à la Cour d'appel,

Et M. Dominique DE SAINT-GELAIS.

Prix: 25 centimes.

PARIS

CHEZ TOUS LES LIBRAIRES ET MARCHANDS DE NOUVEAUTÉS

DE PARIS ET DES DÉPARTEMENTS

Novembre 1848.

PARALLÈLE

ENTRE

M. LE GÉNÉRAL CAVAIGNAC

ET

M. LOUIS-NAPOLÉON BONAPARTE

CANDIDATS A LA PRÉSIDENCE.

Dans quelques jours la France va nommer le citoyen appelé à présider à ses destinées ; dans quelques jours elle désignera le pilote chargé de diriger le vaisseau de l'Etat à travers les écueils de cette mer houleuse qu'on nomme les révolutions. Une épreuve de ce genre est toujours, pour un peuple, grave et solennelle. Les complications du moment, l'état des esprits, la stagnation des affaires, la suspension des travaux, la misère publique, l'incertitude de l'avenir, ajoutent encore à son importance et à sa gravité.

Que les citoyens ne voient pas seulement dans le futur président le chef du pouvoir suprême, le dispensateur des grades, des emplois, des faveurs ; qu'ils oublient leur intérêt personnel pour celui de leur pays; qu'ils songent que le premier magistrat de la République a des devoirs importants à remplir; que son élection lui impose l'obligation de rendre la France heureuse et prospère, puissante et respectée. Or, pour être à la hauteur d'une telle tâche, le zèle et le dévouement ne suffisent pas; la noblesse et la générosité, la grandeur d'âme et le désintéressement ne sont pas les seules vertus qui doivent recommander un candidat aux suffrages de ses concitoyens. Il faut surtout qu'il exerce un grand ascendant moral sur les masses; il doit porter un nom illustre et capable de réveiller les sympathies nationales; avoir un patriotisme à toute épreuve; être libre de tout engagement envers les partis; se sentir le courage d'assumer sur lui la responsabilité du bien-être de la nation; être plein de respect pour les libertés de son pays; avoir l'intelligence des besoins de son siècle; avoir fait une étude approfondie des questions sociales et politiques qui préoccupent le plus les esprits; ne pas craindre davantage d'entrer dans la voie du progrès, que de brider et comprimer toute théorie subversive tendant à saper la famille et la propriété, ces deux pierres fondamentales de tout état social.

Telles sont, à nos yeux, les conditions essentielles que doit réunir le futur président de la République. Et, dans l'intention d'éclairer les suffrages des électeurs, nous allons voir lequel des deux candidats sérieux qui se disputent le pouvoir suprême offre à la France le plus de garanties de bonheur et de stabilité : nous voulons parler du général Cavaignac et de M. Louis-Napoléon Bonaparte. Nous examinerons leurs titres avec d'autant plus d'impartialité que nous n'avons l'honneur de connaître ni l'un ni l'autre. L'amour de la patrie étant notre seul mobile, si nous n'apportons dans cette analyse ni aigreur ni haine, nous y mettrons du moins toute notre franchise, toute notre indépendance.

Donnons d'abord quelques détails biographiques sur chacun des deux candidats.

M. CAVAIGNAC.

M. Cavaignac (Louis-Eugène) est né à Paris en 1802. Il est le fils du conventionnel de ce nom, qui a laissé dans le Gers et les Landes dés souvenirs sanglants. Son père étant entré au service de Murat, roi de Naples, il devint, ainsi que son frère Godefroi, page du roi. Après les événements de 1815, Eugène Cavaignac rentra en France et fut placé à Sainte-Barbe, puis à l'Ecole polytechnique et plus tard à l'Ecole d'application de Metz. Il entra ensuite dans le 2ᵉ régiment du génie, et fut fait lieutenant en premier le 12 janvier 1829. Il fit peu après la campagne de Morée. En 1830 il reçut le brevet de capitaine. M. Cavaignac, qui avait prêté serment de fidélité à Charles X, fit acte d'adhésion au gouvernement de Louis-Philippe. En 1831, il était à Metz lorsqu'on forma le fameux projet d'association nationale; il fut un des premiers à souscrire à ce projet. Cet acte d'indépendance lui valut d'être mis en disponibilité, et ce n'est pas sans de nombreuses démarches qu'il parvint l'année suivante à se faire rendre ses épaulettes. Envoyé en Afrique, il fut employé par le maréchal Clauzel dans ses expéditions de Mascara et de Tlemcen. Dans le long séjour qu'il a fait en Algérie il a partagé les fatigues et la gloire de ses compagnons d'armes, et, comme eux, il a obtenu ses grades en récompense des services qu'il a rendus à son pays.

M. Cavaignac était en Afrique lors de la révolution de Février. Le gouvernement provisoire, pour honorer la mémoire de son frère, l'éleva au grade de général de division, et quelques jours après il le nomma gouverneur général de l'Algérie. Plus tard il a été appelé à Paris, où la commission exécutive lui confia le portefeuille de la guerre, qu'il tenait encore le 24 juin, lorsqu'il reçut de l'Assemblée nationale les pouvoirs dictatoriaux dont il est encore investi comme président du conseil des ministres, chef du pouvoir exécutif.

Nous n'examinerons pas ici les circonstances qui ont porté M. Cavaignac au faîte du pouvoir ; nous dirons seulement qu'il est étrange que, lorsque la commission exécutive est forcée de se retirer devant l'insurrection de juin, parce qu'elle n'a pas su la conjurer, le ministre de la guerre de cette même commission, chargé par elle de la prévenir et de la vaincre, recueille son héritage. Nommé président du conseil des ministres, chef du pouvoir exécutif, M. Cavaignac n'a pu se maintenir à la première place qu'en appelant à son secours l'état de siège, le despotisme et l'arbitraire. La liberté de la presse proclamée par le gouvernement provisoire a été confisquée par lui ; des lois préventives et répressives contre la liberté de penser et d'écrire ont été votées sous son inspiration.

Sous aucun régime on ne vit autant de journaux suspendus, autant d'écrits de tout genre saisis. Il n'a pas même respecté la liberté individuelle. Incapable de tenir les rênes de l'Etat, de donner au gouvernement une impulsion salutaire, il est forcé d'avouer que le pouvoir est trop lourd pour lui ! En effet, durant cette dictature de six mois, ce serait vainement que l'on chercherait un acte qui révèle l'intelligence de l'administrateur, la capacité de l'homme d'Etat, le génie de l'organisateur ; ses tendances politiques ne sont même pas dessinées d'une manière nette et décisive. Ballotté entre les divers partis qui se partagent l'Assemblée nationale, il est tour-à-tour entraîné par ses sympathies et son ambition vers les idées les plus divergentes. Aujourd'hui il pactise avec la montagne, demain il subira l'influence du parti modéré. Cette indécision lui a été fatale, autant qu'aux intérêts de la République, et désormais il est jugé.

LOUIS-NAPOLÉON BONAPARTE.

M. Louis-Napoléon Bonaparte naquit à Paris le 20 avril 1808 ;
il est fils de Louis Bonaparte, frère de l'empereur, et d'Hortense-
Eugénie de Beauharnais, fille de l'impératrice Joséphine. Napoléon et Joséphine le tinrent sur les fonts baptismaux, et lui don-
nèrent les noms de Louis-Napoléon. Son enfance fut entourée de
toutes les splendeurs de la cour impériale, et sa première éducation fut en tout digne des hautes destinées auxquelles il était
appelé. Mais, hélas ! un jour la victoire se lassa de sourire au
vainqueur de Marengo et d'Austerlitz, et l'Empire s'écroula. La
reine Hortense, obligée de partager l'exil de sa famille, se retira à
Augsbourg avec son fils ; quelques années plus tard elle dut quitter la Bavière, et venir demander un asile à la Suisse. Elle s'établit
en Thurgovie, sur les bords du lac de Constance. C'est là que
s'acheva l'éducation du jeune Louis-Napoléon, dans une atmos-
phère de liberté et sous l'influence des mœurs républicaines.

Désireux d'apprendre le métier des armes, et obéissant peut-
être à une vocation innée, il entra au camp de Thoune, où il
s'exerça aux grandes manœuvres. Parmi les nombreux amis qu'il
s'était faits, il faut citer le colonel Dufour, qui a acquis une grande
réputation comme généralissime de la confédération suisse contre
le Sunderbund. Observateur judicieux, esprit investigateur, le
jeune Louis-Napoléon ne se contenta point d'étudier la topogra-
phie de la Suisse, il voulut aussi être initié à ses lois, à ses institutions, à ses mœurs. Les divers rouages de son administration
attirèrent également son attention. Bientôt il publiait le résultat

de ses recherches dans un ouvrage remarquable, intitulé :
Considérations politiques et militaires sur la Suisse.

Le prince Louis-Napoléon venait de publier cet ouvrage, lorsque la révolution de 1830 éclata. Il en reçut la nouvelle avec d'autant plus de bonheur, qu'il espéra que le gouvernement issu des barricades de juillet ferait cesser l'exil dont il souffrait tant, ainsi que toute sa famille. Mais on sait ce que devint ce mouvement populaire de 1830, et comment Louis-Philippe se joua de ceux-là même à qui il devait la couronne. Le roi citoyen ne voulut pas que les portes de la patrie s'ouvrissent pour la famille Bonaparte.

Le vent révolutionnaire qui avait renversé la dynastie des Bourbons agita également la Belgique, l'Italie, la Pologne. Le prince Louis-Napoléon s'associa à la noble cause de l'Italie, et il était sur le point d'enlever la forteresse de Civita-Castellana, lorsque le gouvernement italien lui donna l'ordre de suspendre l'attaque. Il se rendit alors à Bologne, que les Autrichiens menaçaient, et fut compté parmi les plus intrépides défenseurs de la Romagne. Mais, hélas ! les lauriers qu'il cueillit dans cette guerre se changèrent en cyprès ; il perdit son frère aîné, qui avait été blessé dans une charge brillante, exécutée à Forli contre des forces supérieures. La douleur d'une perte aussi cruelle et ses fatigues compromirent gravement sa santé ; espérant que l'air natal et les secours de la science sauveraient son fils, la reine Hortense parvint à le conduire à Paris, à l'aide d'un passeport anglais. Mais, à peine le gouvernement ombrageux de Louis-Philippe fut-il instruit de la présence à Paris du jeune prince, qu'il lui donna l'ordre de quitter le sol français dans les 48 heures. Ni les démarches ni les prières de cette tendre mère, qui redoutait pour son fils les suites d'un voyage aussi prompt, ne purent faire révoquer l'ordre barbare du roi usurpateur. Louis-Napoléon se rendit donc à Londres, et de là il revint en Suisse. En ce moment là Pologne soutenait héroïquement sa lutte contre le Czar ; espérant un triomphe complet, si à la tête de ses soldats elle avait un représentant du nom de Bonaparte, elle envoya au prince Louis une députation pour lui offrir de se mettre à la tête de la nation en armes. « Venez donc, lui dirent les députés, venez, espo.r de notre patrie, porter à nos populations, qui reconnaîtront votre nom, la fortune de César, et, ce qui vaut mieux, la liberté. » Le prince eût été heureux d'accepter une offre aussi brillante, qui flattait à tous égards ses goûts et ses sympathies ; néanmoins il la refusa parce que la France avait promis son concours à la Pologne, et il craignit que l'ombrage qu'inspirait son nom à la maison d'Orléans ne décidât l'abandon de cette cause sacrée par le gouvernement français. Hélas ! nous savons à quoi servit ce sacrifice, et le mot fameux « l'ordre règne à Varsovie » a prouvé à l'Europe le cas que Louis-Philippe faisait de la nationalité polonaise ! Le cœur navré, M. Louis-Napoléon se replongea dans l'étude, suivant d'un œil attentif la marche des événements.

Lorsqu'en 1835 il fut question de donner un époux à la jeune reine dona Maria, les Portugais jetèrent les yeux sur le prince. Celui-ci répondit aux ouvertures qui lui furent faites en termes qui prouvent et son désintéressement et l'ardent amour dont il était animé pour sa patrie. « Je n'accepterai jamais, disait-il, aucune élévation qui séparerait mon sort et mes intérêts de ceux de la France..... Mon père m'a prouvé par son grand exemple combien la patrie est préférable à un trône étranger. Je sens, en effet, qu'habitué dès mon enfance à chérir mon pays par-dessus tout, je ne saurais rien préférer aux intérêts français.... L'espoir de servir un jour la France comme citoyen et comme soldat fortifie mon âme, et vaut à mes yeux tous les trônes du monde. »

Les préoccupations de la politique n'absorbaient pas tellement les loisirs du prince Louis-Napoléon qu'il ne pût se livrer à des études sérieuses. Dans l'espoir qu'un jour il pourrait servir la France comme soldat, il étudia avec un soin particulier l'arme de l'artillerie, qui joue un rôle si important dans les grandes batailles, et publia en 1835 son *Manuel d'artillerie,* que *le Spectateur militaire* et les journaux de toutes les opinions et de tous les pays ont placé à la tête des traités de ce genre.

Fatigué d'un long exil et persuadé que le gouvernement de

Juillet n'avait pas les sympathies de la France, Louis-Napoléon résolut de le renverser. Il prépara longuement et avec le plus grand soin ses moyens d'exécution ; et, quand il fut sûr des hommes qui devaient seconder son mouvement, il parut tout à coup à Strasbourg. De là il devait marcher sur Paris, où le nom magique qu'il porte l'eût fait accueillir avec acclamation. On sait que ce hardi coup de main n'échoua que par une de ces fatalités qui souvent confondent les plans les mieux combinés. Un simple doute sur l'identité du Prince arrêta l'élan de l'armée. Cette tentative a été diversement interprétée. Disons toutefois que les ministres de Louis-Philippe n'osèrent point faire un procès à celui qui en était le chef : ils se contentèrent de le transporter au-delà des mers.

Quelques mois plus tard le Prince sut tromper la vigilance des souverains de l'Europe, et il revint en Suisse pour y recueillir le dernier soupir de sa mère adorée. Mais les cendres de la reine Hortense étaient à peine refroidies que le gouvernement français donna ordre au duc de Montebello, son ambassadeur en Suisse, d'obtenir à tout prix son expulsion du territoire helvétique, et fit appuyer cette demande par l'envoi d'une armée sur les frontières. La Suisse, blessée qu'on osât attenter à l'hospitalité qu'elle avait accordée à un prince pour lequel elle avait la plus grande estime et les plus vives sympathies, répondit aux menaces de la France par un refus catégorique, et arma de son côté. Louis-Napoléon fut pénétré de reconnaissance pour cette attitude de sa patrie d'adoption ; mais son cœur noble et généreux ne voulut point jeter cette nation hospitalière dans les complications d'une guerre qui pouvait lui être fatale, et il quitta volontairement les lieux où sa mère avait terminé ses jours, où lui-même avait grandi à l'école, sinon du malheur, du moins de l'expérience. Il se réfugia à Londres, où il continua les études sur la politique et l'art militaire. Cela n'empêcha pas cependant qu'il ne fût accusé de complicité dans l'échauffourée de Barbès. Il répondit à cette accusation d'une manière péremptoire : « Si j'avais été l'âme d'un complot, écrivait-il au *Times*, j'en aurais aussi été le chef au jour du danger, et je ne le nierais pas après une défaite. » On sait, en effet, que toutes les fois qu'il a tenté de renverser le gouvernement de Louis-Philippe, il s'est mis à la tête du mouvement populaire, payant de sa personne et marchant toujours le premier au devant du danger.

En 1840, jaloux de l'honneur et de la dignité de sa patrie, le prince Louis-Napoléon, indigné de ce que le cabinet des Tuileries ne protestait pas contre la formation du concert européen dont son exclusion était un sanglant outrage fait à la nation, résolut une seconde fois de la délivrer d'un gouvernement incapable de faire respecter le drapeau français. Les correspondances qu'il n'avait cessé d'entretenir avec des personnages influents dans l'administration et dans l'armée, le décidèrent à affronter de nouveau les baïonnettes françaises. La trahison fit échouer cette tentative, dont le succès paraissait assuré; Louis-Napoléon n'échappa que par miracle à la mort qui lui était préparée en France.

Traduit devant la Cour des Pairs, constituée en Cour de justice, le Prince prononça, dans l'audience du 28 septembre, un discours dont nous citerons les passages suivants :

« Pour la première fois de ma vie il m'est permis d'élever la voix en France et de parler librement à des Français.

« Gardez-vous de croire que, me laissant aller aux mouvements d'une ambition personnelle, j'aie voulu tenter en France, malgré le pays, une restauration impériale. J'ai été formé par de plus hautes leçons et j'ai vécu sous de plus nobles exemples.

« Depuis cinquante ans que le principe de la souveraineté du peuple a été consacré en France par la plus puissante révolution qui se soit faite dans le monde, jamais la volonté nationale n'a été proclamée aussi solennellement, n'a été constatée par des suffrages aussi nombreux et aussi libres que pour l'adoption des constitutions de l'Empire.

« Lorsqu'en 1830 le peuple a reconquis sa souveraineté, j'avais cru que le lendemain de la conquête serait loyal, comme la conquête elle-même, et que les destinées de la France étaient à jamais fixées ; mais le pays a fait la triste expérience des deux dernières années. J'ai pensé que le vote de quatre millions de citoyens, qui avait élevé ma famille, nous imposait au moins le devoir de faire appel à la nation et d'interroger sa volonté.... La nation aurait répondu : république ou monarchie, empire ou royauté. De sa libre décision dépend la fin de nos maux, le terme de nos dissensions. »

Louis-Philippe, ne voyant dans Louis-Napoléon qu'un prétendant redoutable, obtint de la Cour des Pairs une sentence qui le condamnait à une prison perpétuelle. Il fut enfermé au château de Ham. Les vingt-cinq années d'exil qu'il avait subies avaient fortement trempé son âme ; aussi entendit-il son arrêt avec un calme et une résignation stoïques.

Certes il ne tenait qu'à lui de recouvrer la liberté ; mais il eût fallu prendre l'engagement de ne jamais rien entreprendre contre Louis-Philippe. Cet engagement eût été une forfaiture envers la nation, il refusa de le prendre. Il concentra alors toutes ses pensées, tous ses vœux sur l'amélioration du sort des classes pauvres. Dans son ardent amour du peuple français, puisqu'il n'avait pu l'arracher du joug de la corruption et de la misère, il voulut du moins que sa captivité lui fût profitable, et, dans ce noble but, il publia sa brochure *de l'Extinction du paupérisme*. Son âme grande et généreuse se reflète dans cet ouvrage ; l'auteur gémit sur les misères qu'il serait si heureux de soulager ; les considérations profondes dans lesquelles il entre prouvent surabondamment qu'il a été initié à toutes les souffrances des prolétaires ; et les moyens qu'il propose pour sortir d'une position que chaque heure rend plus critique et plus difficile, sont marqués au coin d'une expérience consommée. Hélas ! son cœur paternel eut à subir une épreuve plus cruelle que toutes celles qu'il avait endurées : la police interdit la publication de son livre, et dès lors les avantages qu'il avait espérés furent perdu pour les classes ouvrières.

En 1846, après six années de captivité, le prince Louis-Napoléon apprit que son père, l'ancien roi de Hollande, était gravement malade, et qu'il désirait, avant de mourir, embrasser son fils bien-aimé. Ce qu'il n'eût pas fait pour se procurer une heure de liberté à lui, le sentiment de piété filiale le lui dicta ; il écrivit à Louis-Philippe pour lui demander la permission d'aller, au chevet du lit de son père, remplir les devoirs sacrés d'un fils, promettant sur l'honneur de revenir se reconstituer prisonnier immédiatement après : Louis-Philippe refusa, et le Prince eut la douleur d'apprendre de loin qu'il était orphelin. Le profond chagrin qu'il en ressentit, et l'indignation que lui inspirait la basse défiance du gouvernement, lui suggérèrent la pensée de briser ses fers. En conséquence il prend ses dispositions, et au jour convenu il passe avec un sang-froid imperturbable, déguisé en ouvrier, au milieu des gardiens et des soldats de service qui lui ouvrent les portes de la forteresse. Il était en Angleterre avant que son évasion ne fût connue du gouverneur. C'est là que deux ans plus tard il apprenait la chute du gouvernement de Juillet.

La République ayant été proclamée, il crut que nul motif ne s'opposait plus à ce qu'il rentrât librement dans sa patrie, et il vint mettre son dévouement et son patriotisme à la disposition du Gouvernement provisoire. Ses espérances et ses vœux furent encore une fois trompés : les membres du Gouvernement provisoire insinuèrent au Prince que sa présence à Paris pourrait être l'objet de troubles. Louis-Napoléon, imposant silence à tout autre sentiment qu'à son patriotisme, se résigna à reprendre le chemin de l'exil. La France comprit cet acte de civisme, et deux cent mille suffrages répondirent aux attaques de quelques ambitieux mécontents, qui demandaient que le Prince fût le seul des membres de sa famille à qui les portes de la France ne fussent pas ouvertes. M. Louis-Napoléon Bonaparte adressa à cette occasion à l'Assemblée nationale une lettre digne et ferme à la fois, dans laquelle il protestait contre cette exclusion. « En présence de la souveraineté nationale, y disait-il, je ne peux et ne veux revendiquer que mes droits de citoyen français ; mais ceux-là je les réclamerai sans cesse avec l'énergie que donne à un cœur honnête le sentiment de n'avoir jamais démérité de la patrie. »

La Chambre, il faut le dire à son honneur, rejeta ce projet anti-national, et trois nouveaux départements accordèrent leurs suf-frages au représentant de ce nom magique dont le souvenir électrise les imaginations.

Louis-Napoléon allait se rendre à Paris, lorsqu'il apprit que des meneurs cherchaient à exploiter l'émotion générale afin de rendre impossible son retour. Il comprit que ces agitations lui imposaient un nouveau sacrifice, et il l'accepta. A ce sujet il écrivit au président de l'Assemblée nationale une lettre à laquelle nous emprunterons cette citation qui peint son désintéressement et son patriotisme : « Je désavoue tous ceux qui me prêtent des intentions que je n'ai pas ; mon nom est un symbole d'ordre, de nationalité, de gloire ; et ce serait avec la plus vive douleur que je le verrais servir à augmenter les troubles et les déchirements de la patrie. Pour éviter un tel malheur, je resterai plutôt en exil ; je suis prêt à tous les sacrifices pour le bonheur de la France. »

En effet, quatre jours après il envoyait à l'Assemblée sa démission de représentant, la motivant sur ce que, désirant l'ordre et le maintien d'une république sage, grande, intelligente, il ne voulait pas que son nom servît à favoriser le désordre. Malgré cette démission ainsi motivée, et l'intention formellement manifestée de ne rentrer en France que lorsque sa présence ne pourrait plus servir de prétexte aux ennemis de la République, M. Louis-Napoléon Bonaparte fut renommé en Corse à la presque unanimité. Il dut encore cette fois décliner cet honneur. Mais déjà l'opinion du pays se formait. Le sincère et ardent patriotisme du prince avait fixé les regards de la France. Elle voyait en lui l'homme qui devait la sauver des troubles et de l'anarchie ; cinq départements lui accordèrent à la fois leurs suffrages. Devant cette persistance du pays, Louis-Napoléon aurait manqué à ses devoirs s'il avait refusé le mandat de représentant. L'Assemblée nationale, désarmée par cette masse de suffrages, ne s'opposa plus à l'entrée du nouvel élu dans son sein. Le premier acte du Prince fut l'expression de sa reconnaissance envers le peuple, une protestation énergique contre les calomnies qui avaient été débitées sur son compte, et la promesse solennelle de se vouer tout entier à la République, au bonheur et à la grandeur de la France.

A l'Assemblée nationale l'attitude de M. Louis-Napoléon Bonaparte a été constamment digne, convenable, réservée. Il n'est monté à la tribune que pour répondre à des attaques personnelles et déloyales, et le 20 octobre il a déclaré en termes formels qu'il ne descendrait plus à des questions personnelles, parce que la Chambre n'avait pas un instant à perdre pour s'occuper des graves intérêts de la patrie.

Maintenant que nous avons passé en revue les traits saillants de la vie des deux concurrents au pouvoir suprême, nous allons tâcher d'établir le parallèle des garanties qu'ils offrent l'un et l'autre au bonheur de la France.

Nous avons dit en commençant que le président de la République devait entre autres choses

1° Avoir un grand ascendant sur les masses populaires ;

2° Porter un nom illustre et capable de réveiller les sympathies nationales ;

3° Avoir un patriotisme à toute épreuve ;

4° Être libre de tout engagement envers les partis ;

5° Se sentir le courage d'assumer sur lui la lourde responsabilité du bien-être de la nation ;

6° Être plein de respect pour les libertés de son pays ;

7° Avoir l'intelligence des besoins de son siècle ;

8° Avoir fait une étude approfondie des questions sociales et politiques qui préoccupent le plus les esprits ;

2

9° Ne pas craindre davantage d'entrer franchement dans les voies du progrès, que de brider et comprimer toute théorie subversive tendant à saper la famille et la propriété, ces deux pierres fondamentales de tout état social.

1° Le président de la République doit avoir un grand ascendant sur les masses populaires.

Par les masses populaires nous entendons l'immense majorité de la nation qui se compose des prolétaires, des ouvriers, des artisans, des industriels. Ce sont les masses populaires qui sont les arbitres du sort des gouvernements ; c'est dans elles que se recrute l'élément révolutionnaire. Ces masses privées de chef, abandonnées à elles-mêmes, ressemblent au torrent qui détruit et ravage ; disciplinées, guidées, dirigées, elles vivifient les empires et portent partout avec elles l'abondance et la prospérité, fruits de l'ordre et du travail. Il est donc important que le chef d'un État exerce un grand ascendant sur cette partie remuante de la population ; car alors il lui imprime une impulsion salutaire et il utilise sa puissance et son activité au profit de tous.

Le général Cavaignac exerce-t-il cet ascendant ? nul n'oserait le soutenir, et c'est là ce qui fait le désespoir de ses amis. Il n'a pour lui ni le prestige d'un grand nom, ni celui du talent, ni de services éminents rendus au pays. Le peu de popularité qu'il a eue il l'a sacrifiée à son ambition. Les événements de juin, la déportation des insurgés, ses atteintes à nos libertés les plus chères, son insuffisance gouvernementale, son indécision politique, ses intrigues pour arriver à la présidence, et les moyens de tout genre qu'il emploie l'ont fait descendre du piédestal où sa coterie l'avait élevé, et du jour où il résignera ses pouvoirs il sera tellement bas dans l'opinion publique que sa voix sera sans écho. Nous trouvons en effet dans *L'Indépendant de Toulouse* ces lignes qui peignent le peu de confiance qu'inspire le général Cavaignac aux masses : « La dynastie du *National* a soulevé un dégoût géné-
« ral ; la France en est rassasiée, et le pays veut en finir..... Le
« cri de réprobation est unanime. »

Tout, au contraire, semble concourir pour assurer à M. Louis-Napoléon Bonaparte un ascendant en quelque sorte irrésistible. Il a hérité du nom illustre que la renommée a dit à tous les échos du monde; ce nom de Napoléon Bonaparte est pour les masses synonyme de gloire, de force, de puissance. Elles espèrent que le neveu du grand homme replacera la France au rang d'où le dernier gouvernement l'a laissée déchoir. Elles espèrent que par son expérience et sa sagesse il réparera les fautes des hommes que la Révolution a élevés au pouvoir et qu'il guérira les maux de la patrie.

2o Le président de la République doit porter un nom illustre et capable de réveiller les sympathies nationales.

Dans ce cataclysme de toutes choses auquel nous assistons depuis 60 ans; lorsque nous voyons le scepticisme politique saper les bases de tous les gouvernements et de tous leurs systèmes, il n'est pas étonnant que les esprits les plus fermes ne regardent pas l'avenir sans inquiétude et sans chagrin. La France, après avoir vécu quatorze siècles sous la monarchie qui bien souvent lui a donné gloire et bonheur, va tenter une nouvelle épreuve avec la République. Or, pour beaucoup de personnes, la République c'est l'inconnu; et l'on conçoit dès-lors qu'elles ne veuillent s'engager dans cet inconnu qu'autant qu'elles auront pour chef un nom illustre, un nom qu'elles ont appris à connaître, à aimer, à admirer; un nom qui soit à lui seul un drapeau. Il faut donc que le président de la République porte un nom illustre pour inspirer de la confiance à tous et leur faire accepter sans opposition et sans contrainte la nouvelle forme de gouvernement. Voilà, certes, une considération puissante; ce n'est pas la seule : la République fera appel au dévouement, aux lumières, aux talents, à l'expérience de tous ses enfants; or, les hommes d'élite, les hommes d'intelligence et de savoir ne se rallieront jamais sincèrement qu'autour d'un grand nom dont le prestige soit tel qu'il n'inspire aucune jalousie. Une autre considération non moins puissante, nous la trouvons dans la nécessité pour la France d'entretenir des relations avec les puissances étrangères ; et chacun comprend l'influence d'un grand nom dans les traités internationaux.

M. le général Cavaignac n'a pas un nom illustre, et, loin de réveiller les sympathies nationales, il les repousse. Son père lui a laissé un nom tristement célèbre. Les événements de juin et les déportations de tant de victimes de l'insurrection ont rendu son nom en horreur à une partie notable des citoyens. Les hommes les plus éminents de la Chambre se tiennent à l'écart, et les représentants des grandes nations ne le voient qu'avec une certaine répugnance. Or, privé de l'éclat et du concours qui entoure un grand nom, M. Cavaignac sera réduit à remettre les fonctions publiques les plus éminentes à des capacités médiocres ou nulles, à des mains impuissantes et inconnues, et son autorité sera dès-lors dépourvue de cette considération dont elle devrait être entourée.

Mais que dirons-nous du nom de Napoléon Bonaparte? ce nom qui a la vertu de faire battre le cœur dans toutes les poitrines françaises ; ce nom qu'a immortalisé le plus grand capitaine des temps modernes, l'administrateur le plus intelligent, le législateur le plus profond. Chaque jour les organes de l'opinion publique redisent l'enthousiasme qu'inspire aux populations rurales ce nom de l'empereur. Et pourquoi cet enthousiasme en faveur du neveu de Napoléon? parce que son nom lui impose des devoirs importants et des obligations graves, s'il ne veut pas rester au-dessous de sa naissance et indigne de ce nom glorieux.

Le National lui-même, qui aujourd'hui combat la candidature de M. Louis-Napoléon Bonaparte, disait de lui à une autre époque : « Ce jeune homme porte un nom magique, un nom qui apparaît au pays comme un symbole de puissance, un gage de « nationalité : les souvenirs les plus brillants l'entourent et le protégent. »

Armand Carrel, rédacteur en chef de ce même journal, disait de L.-N. Bonaparte : « Ses ouvrages politiques et militaires annoncent une forte tête et un noble caractère. Le nom qu'il porte

« est le plus grand nom des temps modernes ; c'est le seul qui
« puisse exciter fortement les sympathies du peuple français.....
« Il peut être appelé à jouer un grand rôle. »

Chateaubriand écrivait aussi au prince : « Il n'y a pas de nom
« qui aille mieux à la gloire de la France que le vôtre. »

*3°-Le Président de la République doit avoir un patriotisme à toute
épreuve.*

Dans tous les temps le chef d'un gouvernement doit avoir un
grand patriotisme ; mais c'est surtout dans les temps de crise que
le patriotisme est indispensable. Il faut que dans toute circons-
tance il sacrifie son intérêt personnel en faveur de l'intérêt général ; il faut qu'il fasse abnégation de toute question d'amour-pro-
pre, de satisfaction personnelle, de fortune, d'avenir ; il faut que
pour le salut et le bonheur de son pays il soit prêt à tout sacrifier
hors l'honneur, si toutefois on peut se déshonorer en cherchant
le bonheur et la dignité de son pays.

M. Cavaignac, si les accusations portées contre lui sont fondées,
n'a pas ce patriotisme dont tant de fois il s'est dit animé ; s'il est
vrai qu'afin de s'emparer de la dictature il ait lancé la France dans
les horreurs de la guerre civile ; s'il est vrai qu'en parlant des insurgés il ait prononcé ce mot sauvage : « *Quand ils seront cinquante
mille, nous irons pour les écraser tous*, » non, M. Cavaignac n'est
pas animé d'un vrai patriotisme. Les démarches actives qu'il fait
d'ailleurs chaque jour pour arriver à la présidence le prouvent surabondamment ; c'est à lui qu'il songe et non au pays ; c'est sa
fortune et son élévation qu'il désire avant tout.

La vie entière de M. Louis-Napoléon Bonaparte, chacun de ses
actes importants ont eu pour mobile son amour de la patrie. Pour
la France il a sacrifié son bonheur, son repos, sa liberté, une couronne même, car pour ne pas séparer ses intérêts de ceux de la
France il a refusé le trône de Portugal ; ses pensées, ses travaux
ont eu un seul objet, l'amélioration du sort de la France. Dans
l'exil, sous les verroux, il s'est constamment occupé des moyens

de mettre un terme aux souffrances des classes malheureuses, et son essai *sur l'extinction du paupérisme* prouve qu'il a su découvrir, en même temps que la cause du mal, le remède pour le guérir. Qui pourrait douter du patriotisme sincère de Louis-Napoléon Bonaparte lorsque plusieurs fois il se démet des fonctions de représentant parce qu'on lui fait craindre que sa présence à Paris et à la Chambre ne soit la cause de troubles? « Mon nom, écrit-il à « ce propos, est avant tout un symbole d'ordre, de nationalité, « de gloire, et plutôt que d'être le sujet de troubles et de déchi-« rements, j'aimerais mieux rester en exil. »

4° *Le Président de la République doit être libre de tout engagement envers les partis.*

La France, on ne saurait le nier, s'affaiblit et s'affaisse sous l'influence de ses divisions intestines. Que ces divisions, qui naissent des révolutions fréquentes, se perpétuent encore quelque temps, et la France ne sera plus qu'un corps inanimé s'éteignant dans sa dernière convulsion. Il importe donc au salut de la patrie de mettre un terme aux dissensions qui la déchirent. Et le moyen d'atteindre ce but si désiré n'est-il pas de prendre pour président un homme sans antécédents politiques, un homme qui n'appartienne à aucune coterie, et qui puisse par cela seul hâter cette fusion si désirable entre tous les enfants de la mère-patrie?

Le général Cavaignac appartient à la coterie du *National*, nul ne l'ignore, et par ses accointances avec ces hommes qui ruinent la France depuis neuf mois, il s'est aliéné l'esprit non-seulement des républicains qui ne partagent pas les sentiments du *National*, mais encore des hommes de tous les partis. Son étrange opinion sur le droit des minorités l'a mis en suspicion aux yeux de l'immense majorité de la France ; le général Cavaignac est donc incapable d'opérer la fusion que chacun considère comme la seule porte de salut pour la France, car ses sympathies sont malheureusement acquises à l'ensemble de cette minorité qui gouverne la France et dont les doctrines ont produit l'anarchie et la dictature.

M. Louis-Napoléon Bonaparte, bien qu'il soit dès longtemps

connu, entre en quelque sorte dans la vie politique. Il a eu le bon esprit de ne se jeter dans aucune fraction, de n'embrasser les idées d'aucune coterie en opposition avec une autre ; pour lui il n'y a encore ni majorité ni minorité ; il ne voit en France que des frères que tous ses efforts tendront à rallier autour d'un seul et même drapeau, le drapeau de l'honneur, de la dignité, de la prospérité ; seul, il peut servir de point de ralliement aux diverses fractions de la France ; seul, il peut opérer cette réconciliation des partis, et créer cette unité puissante qui rendra à notre pays la juste influence qu'il a toujours exercée dans les conseils de l'Europe ; seul, il peut réaliser le dogme sacré de la fraternité en effaçant les germes de division qui existent en France, et en réunissant en faisceau toutes les forces vives de la nation, et les faisant concourir dans un ensemble parfait au bien-être et à la grandeur de tous ses enfants.

M. Ferdinand Barrot exprime en ces termes les motifs qui lui ont fait accepter la candidature de Louis-Napoléon : « Ce qui, à mes yeux, est une raison puissante de décider en sa faveur, c'est « qu'il n'a d'engagement avec aucun parti ; qu'il n'a épousé au- « cune de nos querelles ; qu'en arrivant au pouvoir il n'y amène « aucune coterie ; c'est enfin que personne ne peut mieux que « lui fonder un gouvernement national. »

5° *Le président de la République doit se sentir le courage d'assumer sur lui la lourde responsabilité du bien-être de la nation.*

C'est, nous en convenons, une lourde responsabilité qu'assumera sur lui le président de la République. La France, en consentant à faire l'essai d'une nouvelle forme de gouvernement, sera d'autant plus exigeante qu'elle l'a moins désirée. Les bonnes intentions de celui qu'elle fera son chef ne lui suffiront pas ; elle lui demandera, outre son zèle et son dévouement, des actes qui assurent au dedans le calme, l'ordre, la liberté, le bien-être, et au dehors la dignité, le respect, la grandeur et l'influence du nom français.

Le général Cavaignac se sent-il la force d'assumer sur lui cette responsabilité? A le juger par ses paroles, nous n'hésitons pas à dire : Non. La France a encore présente l'émotion produite par le langage du président du conseil des ministres lorsque, répondant au reproche qu'on lui faisait d'abuser des pouvoirs dont il était investi, il s'écria : *J'en ai trop de pouvoirs !* Cette exclamation, qui était bien le fond de sa pensée, peint mieux que tout ce qu'on pourrait dire l'impuissance et l'incapacité du chef actuel du pouvoir exécutif. Comment ! c'est alors qu'il a en main la dictature ; c'est alors que l'Assemblée nationale l'a fait dépositaire de toute son autorité, que le général Cavaignac s'écrie qu'il a trop de pouvoirs, qu'il ploie sous le faix de sa puissance ! Mais que sera-ce donc lorsqu'au lieu de la dictature il n'aura que les pouvoirs limités et définis du président ? Qu'a-t-il fait, du reste, depuis plusieurs mois qu'il est au pouvoir ! A-t-il pris quelqu'une de ces grandes mesures qui sauvent les empires ? Loin de là, il a méconnu le véritable caractère de la révolution de février, et laissé étouffer dans ses mains le peu de bénéfices que le peuple en avait déjà retirés. Isolé avec sa coterie exclusive, son autorité sera nulle, et la République dans ses mains restera sans force, sans initiative, sans avenir. Vous aurez beau faire, M. le général, vous vous êtes jugé vous-même ; votre main est trop faible pour tenir le gouvernail, et votre âme n'est pas assez fortement trempée pour affronter la tempête.

Quant à M. Louis-Napoléon Bonaparte, un mot de lui a donné la mesure de son courage : « Si la France m'imposait des devoirs, je saurais les remplir, » écrivait-il au président de l'Assemblée nationale, en lui envoyant sa démission de représentant, parce qu'il ne voulait pas que son nom servît de prétexte aux troubles qui agitaient Paris. Il faut bien le dire, l'appui qu'il trouve dans la confiance et l'enthousiasme qu'inspirent son nom et son caractère est de nature à lui donner le courage nécessaire pour faire le bien que désirent les honnêtes gens, et pour empêcher et réprimer le mal que pourraient susciter des esprits mécontents, jaloux, envieux, ennemis du repos et du bonheur de leurs concitoyens. Le neveu de l'Empereur se trouve d'ailleurs dans des conditions infiniment avantageuses et pour lui et pour la France. Etayé du grand nom qu'il porte, soutenu et appuyé par ses cousins, tous hommes d'intelligence, d'énergie et de cœur, comptant à bon droit sur l'influence des grandes familles auxquelles il est allié, et sur le concours des hommes éminents qui furent à divers titres la gloire de l'Empire, il ne craint pas de rester au-dessous des devoirs que lui imposera la présidence. Aux républicains sincères nous pouvons dire que Louis-Napoléon est le seul homme capable de sauver la République, qui périrait infailliblement dans les mains débiles du général Cavaignac; et il a l'intention formelle de la défendre, car il a dit à l'Assemblée nationale : « Après trente-trois ans de proscription et d'exil, je retrouve « enfin ma patrie et tous mes droits de citoyen.

« La République m'a fait ce bonheur ; que la République reçoive « mon serment de reconnaissance, mon serment de dévouement... « Nul ici, plus que moi, n'est résolu à se dévouer à la défense de « l'ordre et à l'affermissement de la République. »

6° Le président de la République doit être plein de respect pour les libertés de son pays.

Les libertés d'un peuple sont autant de conquêtes qu'il a faites dans le domaine de l'intelligence et du progrès. Ces conquêtes lui sont d'autant plus chères qu'il les a obtenues au prix de pénibles efforts, de longues souffrances, et qu'elles ont été presque toujours cimentées du sang de ses enfants. Et malheur au despote qui porterait une main téméraire sur ces libertés ! Cette main impie serait immédiatement brisée ; car le peuple, pour les reconquérir, braverait encore les dangers, les souffrances, les tourments que lui coûta leur première conquête.

Les cinq mois de dictature du général Cavaignac nous disent assez le respect qu'il professe pour les libertés que le peuple a conquises sur les barricades de février : Liberté de la presse, liberté individuelle, liberté de réunion, suffrage universel, telles sont les libertés fondamentales qu'il a violées :

La liberté de la presse, en rétablissant le cautionnement et faisant voter sous l'état de siége des lois répressives dignes des pouvoirs absolus ;

La liberté individuelle, en jetant dans les cachots et retenant au secret les gens qui gênent sa dictature ;

La liberté de réunion, en fermant les clubs et les cercles où l'on ne célèbre pas ses hauts faits ;

Le suffrage universel, en refusant de soumettre à la France la sanction de la Constitution votée sous la pression de l'état de siége, et en s'efforçant de soustraire aux électeurs français la nomination du président de la République.

Le prince Louis-Napoléon Bonaparte a été de tout temps grand ami des libertés, et il comprend qu'elles sont sacrées pour un peuple. « La liberté, dit-il, est comme un fleuve ; pour qu'elle « porte l'abondance et non la dévastation, il faut qu'on lui creuse « un lit profond. » « Jamais, écrivait-il du fort de Ham, jamais « je n'aurai d'autre désir que de voir le peuple entier, légalement « convoqué, choisir librement la forme de gouvernement qui lui « conviendra. »

7° Le président de la République doit avoir l'intelligence de son siècle.

Comment gouverner une nation de près de 36 millions d'âmes si l'on n'a fait une étude approfondie de ses mœurs, de ses lois, de ses institutions ? L'esprit humain a ses progrès, comme la science et la philosophie. A mesure que l'humanité avance dans la civilisation, ses besoins et ses instincts subissent des modifications dont on doit tenir compte dans la confection des lois et des réglements.

Élevé au milieu des camps, le général Cavaignac a pu apprendre le métier des armes ; mais, éloigné du mouvement des idées, il ne peut avoir nulle intelligence des besoins de son siècle. Les observations qu'il a pu faire lui ont donné même une opinion fausse des instincts de la société actuelle, car il ne l'a étudiée que dans les casernes, et il n'a vu dès lors que l'ombre du tableau.

Le prince Louis-Napoléon Bonaparte, exilé ou emprisonné, a constamment suivi la marche des événements dont la France a été le théâtre. Doué d'un esprit d'observation assez rare, il a étudié les divers systèmes de gouvernement qui ont régi la France. Dans l'espoir que les portes de sa patrie ne lui seraient pas toujours fermées, et dans la prévision qu'un jour peut-être elle aurait besoin de son patriotisme et de son dévouement, il a voulu être sans cesse à la hauteur des circonstances pour être toujours prêt à les diriger dans l'intérêt de son pays. Il comprend que ce qu'il faut à la France, c'est un gouvernement ferme, intelligent, probe, sage, qui se mette franchement à la tête des idées vraies pour repousser ainsi, mille fois mieux que par les baïonnettes, les théories qui ne sont pas fondées sur l'expérience et la raison.

8° *Le président de la République doit avoir fait une étude approfondie des questions sociales et politiques qui préoccupent le plus les esprits.*

On l'a dit avant nous, la révolution de février a été moins politique que sociale. Un malaise général travaille la société depuis longtemps. Ce malaise ne prend pas sa source dans tel ou tel système de gouvernement, mais bien dans la rupture de l'équilibre social produite par le dépérissement de la fortune publique, par l'emploi mal réglé des capitaux et le déplacement des bras. Le président de la République, chargé de rétablir cet équilibre social, première condition de durée et de stabilité pour les états, doit avoir fait une étude sérieuse et approfondie des questions sociales et politiques qui sont à l'ordre du jour.

Jusqu'à ce moment le général Cavaignac est resté étranger à ces questions dont la solution prompte et efficace importe le plus à la paix de la France. Il ne peut donc prendre l'initiative d'aucune de ces réformes sociales tant désirées.

Les études constantes de M. Louis-Napoléon Bonaparte ont eu, au contraire, pour objet principal les questions sociales, et, il faut l'avouer, il les a traitées en maître. Quelques citations prises dans ses ouvrages feront apprécier, mieux que nos paroles, le soin avec lequel il a étudié les besoins de son siècle.

« Ce qu'il nous faut en France, dit-il, c'est un gouvernement « qui soit en rapport avec nos besoins, notre nature et notre « condition d'existence. Nos besoins sont l'égalité et la liberté ; « notre nature, c'est d'être les ardents promoteurs de la civili- « sation ; notre condition d'existence, c'est d'être forts afin de « défendre notre indépendance. Ainsi donc, pour être libres, « indépendants et forts, il nous faut un pouvoir national, c'est- « à-dire un pouvoir dont les éléments se retrempent dans le peu- « ple, seule source de ce qui est grand et généreux.

« Aujourd'hui le règne des castes est fini : on ne peut régner « que par les masses.

« Gouverner, ce n'est plus mener les peuples par la force et la « violence, c'est les conduire vers un avenir meilleur en faisant « appel à leur raison et à leur cœur.

« Aujourd'hui le but de tout gouvernement habile doit être de « tendre par ses efforts à ce qu'on puisse dire bientôt : le triom- « phe du christianisme a détruit l'esclavage ; le triomphe de la « révolution a détruit le servage ; le triomphe des idées démocra- « tiques a détruit le paupérisme. »

9° Le président de la République ne doit pas craindre davantage d'entrer franchement dans les voies du progrès que de brider et comprimer toute théorie subversive tendant à saper la famille et la propriété, ces deux pierres fondamentales de tout état social.

La loi de toute société est de marcher sans cesse dans la voie du perfectionnement, c'est-à-dire du progrès et de la civilisa- tion. On ne peut donc pas arrêter le progrès ; mais les chefs des nations doivent le diriger de manière à ne lui faire produire que des résultats avantageux ; ils doivent également le maintenir, car quelquefois il est immodéré dans sa marche, et alors, au lieu de produire des fruits, il ne laisse après lui que des ruines.

Le général Cavaignac, à peine investi des pleins pouvoirs de l'Assemblée nationale, s'est hâté d'enrayer le progrès ; c'est ainsi qu'il a aboli les libertés pour lesquelles la France avait si long-temps combattu. Il n'a pas compris que le progrès est comme un fleuve qui soutient le nageur qui ose affronter les flots et qui submerge ceux qui en ont peur. Étrange contradiction ! tandis que le président du conseil des ministres suspend d'une main le progrès sage et modéré, il tend l'autre aux minorités dont les doctrines subversives cherchent à faire considérer la propriété comme un vol et la famille comme un antre de corruption. Cela nous coûte à dire, mais il est certain que, sous le sabre du général Cavaignac, la France ne pourrait espérer ni progrès sage ni sécurité.

Les doctrines émises par le prince Louis-Napoléon sont en tous points rassurantes. Ami des libertés sages et du progrès modéré, il se mettra à la tête du mouvement afin de le diriger ; mais, adversaire redoutable de toute doctrine pour laquelle la famille et la propriété ne sont pas sacrées, il emploiera son influence, ses forces, ses sentiments, à la combattre et à la vaincre.

Nous ne terminerons pas ce travail sans répondre à quelques-unes des attaques déloyales dont a été l'objet M. Louis-Napoléon Bonaparte. Ces attaques ou plutôt ces calomnies sont répandues perfidement parmi les électeurs dans le seul but de compro-mettre sa candidature à la présidence...

On dit que *sa nomination sera la chute de la République, et qu'il a l'intention de reconstituer la dynastie impériale.* Ces deux allé-gations sont mensongères. Loin de nuire à la République, son élection la sauvera, car il est le seul qui puisse la constituer dé-finitivement en l'étayant de son grand nom, de son influence et du concours de tous les hommes éminents qui se rallieront à lui. M. Louis-Napoléon tiendra le serment qu'il a fait du haut de la tribune, d'employer son zèle et son dévouement à établir la Ré-publique sur des bases solides. Ses sentiments et ses goûts sont tous républicains, et devraient être pour les esprits les plus défiants une garantie suffisante du respect dont il entourera la jeune République. « Le peuple est libre depuis le 24 février, écrivait-il « tout récemment, il peut tout obtenir sans avoir recours à la « force brutale. Rallions-nous donc autour de l'autel de la patrie « sous les drapeaux de la République, et donnons au monde ce « grand spectacle d'un peuple qui se régénère sans violence, sans « guerre civile, sans anarchie. »

On dit que *Louis-Napoléon est sans moyens, et que dès lors il est incapable de gouverner.* Cet argument est depuis longtemps usé ; il a été appliqué de tout temps aux prétendants de tous les régimes. Mais enfin nous y répondrons d'une manière péremptoire et qui ne laisse plus subsister le moindre doute. Le parti de la Montagne est sans contredit opposé à la candidature du prince ; c'est lui qui a combattu le plus énergiquement son admission à la Chambre. L'opinion d'un de ses chefs sur l'intelligence et les talents du neveu de Napoléon ne sera donc pas suspecte à nos lecteurs. Voici ce que M. Germain Sarrut écrivait de lui, en 1836 :

« Les études philosophiques et les travaux d'économie politique « du prince Louis-Napoléon, poursuivis avec un zèle infatigable, « portèrent bientôt leurs fruits. Le prince publia une brochure « fort remarquable intitulée : *Considérations politiques et militai-* « *res sur la Suisse.* Cette brochure annonça un beau talent de « penseur et d'écrivain ; elle fit une grande sensation dans le « monde diplomatique et dans l'esprit des gens de guerre. D'une « part, toutes les constitutions des différents cantons y étaient « examinées, décrites et analysées avec une sagacité bien éton- « nante dans un si jeune publiciste. On y reconnut le coup d'œil « et la raison éclairée d'un homme d'État déjà mûr ; les hautes « vues y abondaient..... D'une autre part, la question militaire y « était traitée d'une manière large et savante. Cette partie de la « brochure a des traits qui rappellent le fameux chapitre de « Bonaparte sur le système défensif de l'Italie. LA PARENTÉ EST « DANS L'AME COMME DANS LE SANG. »

Plus loin nous trouvons encore ce passage qui est très-significatif. « Vers la fin de cette même année 1835, après trois ans « de laborieuses recherches, de graves méditations sur l'art de « l'artillerie et des études approfondies, après un long travail « d'expériences pratiques, le prince Louis-Napoléon s'est placé « au premier rang des écrivains et des tacticiens militaires par « la publication d'un ouvrage des plus substantiels sous le titre « modeste de *Manuel d'artillerie pour la Suisse.* »

Nous ne répondrons pas à cette autre attaque que le prince Louis-Napoléon n'est pas Français ; l'Assemblée Nationale, en l'admettant dans son sein, a surabondamment prouvé que cette incapacité n'existait pas pour lui.

En nous résumant, nous dirons : La France se trouve aujourd'hui dans une position difficile, elle souffre. Du choix qu'elle fera pour son président dépend la solution des difficultés qui l'assiégent et le soulagement de ses maux, comme aussi la consolidation de la paix européenne et l'affranchissement des peuples.

Nous avons prouvé que M. Louis-Napoléon Bonaparte résumait en lui les conditions indispensables chez celui qui sera chargé de diriger la France dans la voie du progrès, de la civilisation et du bonheur ; son cœur est noble, généreux, bienveillant, sympathique ; désireux d'opérer une fusion entre les Français de toutes les opinions, il a appris à oublier les attaques dont il a été l'objet, pour ne se rappeler que les services rendus à la patrie. Ajoutons en terminant que les hommes les plus considérables de tous les partis, les hommes dont les sentiments patriotiques sont le plus connus, tels que MM. Thiers, Odilon-Barrot, Berryer, le maréchal Bugeaud, etc., etc., recommandent sa candidature comme la seule qui puisse rendre à la France le calme, la prospérité, l'influence dont elle est privée depuis si longtemps. Et si nous rappelons l'enthousiasme et l'unanimité qu'obtient cette candidature dans les provinces, ne pouvons-nous pas nous écrier avec raison : *La voix du peuple est la voix de Dieu?*

Paris. —Imprimerie d'A. René, rue de Seine, 32.